Yf 9655

JUSTIFICATION
DES COMÉDIENS FRANÇOIS.

Opinions sur les chefs-d'œuvres des auteurs morts, & projet de décret portant réglement entre les auteurs dramatiques & tous les comédiens du royaume.

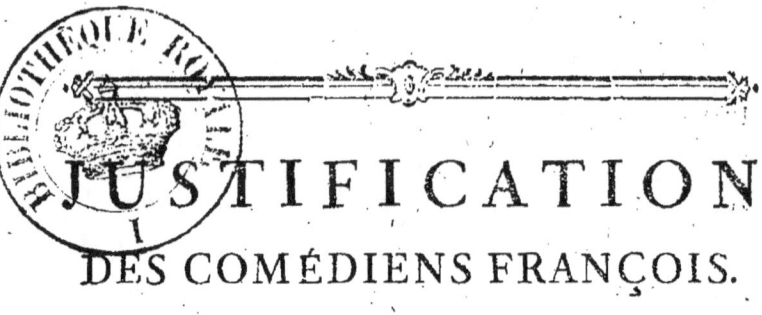

JUSTIFICATION
DES COMÉDIENS FRANÇOIS.

Opinion sur les chefs-d'œuvres des auteurs morts, & projet de décret portant règlement entre les auteurs dramatiques & tous les comédiens du royaume.

Il a circulé avec profusion, dans la capitale, plusieurs écrits, dans lesquels on a lu tout ce qu'un chacun a cru pouvoir ou devoir dire contre les comédiens du théâtre de la nation. Ne me trouvant point en tout du sentiment de leurs adversaires, j'espère que le public impartial voudra jetter les yeux sur le peu de réflexions que je prends la liberté de lui adresser, de même que sur le projet de décret qui les suit, & que je crois fondé sur la justice que l'on doit aux auteurs qui ne sont plus.

Je crois devoir prévenir que, bien loin d'avoir quelque relation avec les comédiens françois, ni avec aucune personne attachée à leur théâtre, j'atteste l'honneur d'un homme libre que depuis dix-huit mois que je suis à Paris, à la suite d'un

A

procès, je n'ai jamais parlé avec aucun d'eux, ni ne me suis jamais trouvé dans aucun cercle ou société où il y en eût. J'entre donc en matière.

Pendant les jours à jamais mémorables de la fédération, quelques personnes, ou bien le public, si l'on veut, demandent une représentation de Charles IX. M. Saint-Prix est malade & hors d'état de jouer ; personne ne conteste ce fait ; Madame Vestris a prié ses camarades de la dispenser de jouer pour quelques jours, en raison d'une indisposition. M. Naudet vient informer le public de ces deux faits bien avérés : certes, je ne vois-là rien de criminel de la part de M. Naudet ni de sa société. Cependant M. Talma trouve un expédient, c'est d'assurer ce même public que Madame Vestris fera un effort pour jouer, & que M. Grammont jouera, le livre à la main, le rôle du cardinal. J'ai vu quelquefois lire des rôles sur la scène ; mais c'est au moins quand une pièce est déjà commencée, & que quelque accident arrivé à un des acteurs l'empêche de continuer. Au reste, je passe volontiers là-dessus : le public s'est accommodé de la proposition de M. Talma ; il n'y a rien à répliquer.

Voici maintenant une question que je prends la liberté de faire, non-seulement à M. Talma, mais à tout homme ami de la paix, & qui se pique de la moindre justice. Etoit-il absolument nécesfaire, pour l'exécution de son projet, que M. Talma donnât un démenti en plein théâtre, à la face du public, à M. Naudet, quand il étoit forcé lui-même, au moins intérieurement, d'avouer que M. Naudet annonçoit la vérité? N'eût-il pas été plus décent, de la part de M. Talma, d'attendre que M. Naudet eût quitté la scène, pour lui indiquer le moyen qu'il venoit d'imaginer, & le prévenir que Madame Vestris se trouvoit subitement guérie de son indisposition? Alors si M. Naudet eût refusé le nouveau message envers le public, M. Talma eût pu s'en charger lui-même; on auroit accepté ou refusé son offre, & il n'auroit pas commis l'injustice d'accuser publiquement M. Naudet d'imposture, & tous ses camarades, de mauvaise volonté & de manque de patriotisme, quand tous les bons esprits sont bien convaincus de la fausseté de ces assertions; car enfin n'est-ce pas sur leur théâtre qu'on a joué la première pièce patriotique, *le Réveil d'Epéménide?* & s'il faut en croire le témoignage respectable de plusieurs citoyens de leur section, n'ont-ils pas été des premiers à prendre les armes en faveur de la révolution? n'ont-il pas joué *le Couvent, le Comte de Comminges, l'honnête criminel*, &c.? Ils n'ont pas, dit-on, joué *Brutus*. D'abord, il faut savoir si la pièce, qui n'a pas été jouée depuis long-temps, étoit sue, & encore, demander, non pas à des énergumènes, mais aux véritables amis de la liberté, à ces bons esprits qui sont pénétrés de la reconnoissance qu'ils doivent au plus bienfaisant des monarques, si c'étoit au moment qu'il se déclaroit le chef de la révolution qu'on devoit le mettre en parallèle avec l'odieux Tarquin ? Que ceux qui ont perdu cette pièce de vue se donnent la peine de la relire, & je ne doute pas que, dans tous les cas, ils ne conviennent que les comédiens françois sont louables de ne l'avoir pas jouée. On leur a fait encore un crime de n'avoir pas donné plutôt Guillaume-Tell; mais cette assertion ne vaut pas la peine d'être réfutée. On sent assez que M. Larive a choisi ses débuts, & que les comédiens françois, trop heureux de le revoir parmi eux, tant pour leur satisfaction que pour celle du public, étoient fort éloignés de lui indiquer les pièces qu'il devoit jouer.

D'après ce que nous venons de dire, il résulte que M. Talma a le premier tort envers ses camarades : ce point est démontré en rigueur ; c'est donc à lui à s'en excuser avec eux, d'une manière convenable. Mais quelque soit l'événement, nous sommes d'opinion que le public doit s'en laver les mains; car enfin, les comédiens ne sont pas plus esclaves que les autres associations du royaume, où la majorité doit toujours l'emporter sur la minorité, quand il s'agit de l'exclusion d'un membre, & s'il y a quarante sujets qui refusent de jouer avec M. Talma, contre deux qui l'admettent, & qu'on forçât cette très-grande majorité à se soumettre à la minorité, ce ne seroit pas là un moyen, à coup-sûr, d'engager les comédiens à bénir la liberté, en faisant appesantir sur eux seuls tout le poids du despotisme : d'ailleurs un tel moyen de réconciliation ne pourroit qu'être d'un très-mauvais effet pour le public lui-même ; qui l'auroit provoqué ; ce ne seroit que par force que les comédiens joueroient avec M. Talma ; les pièces ne pourroient qu'être mal rendues, sur-tout quand des personnes qui se détestent réciproquement, seroient obligées de se dire : *je vous aime.*

Mais enfin il existe un autre théâtre dans la capitale, où il y a des talens à côté desquels M. Talma ne doit point faire difficulté de se montrer : pourquoi n'y déploie-t-il pas les siens ? Voilà un moyen sûr de satisfaire ses amis, qui iroient, tous les jours, l'applaudir & l'encourager, personne n'étant obligé d'aller au théâtre de la nation. Alors la paix se trouveroit tout d'un coup rétablie ; les comédiens de la nation y perdront peut-être ; mais enfin, nous l'avons déjà dit, le public, qui n'est point forcé d'aller chez eux, peut s'en laver les mains, & les laisser tous seuls, se louer ou se repentir du parti qu'il auront pris.

Jettons maintenant les yeux sur quelques morceaux pris au hasard, & que l'on trouve dans les différens écrits qui ont paru en faveur de M. Talma.

« Pardonnerez-vous au sieur Naudet, le plus
» implacable de ses ennemis, la manière froide-
» ment audacieuse dont il ose vous haranguer, son
» sourire, presque moqueur, & l'abus qu'il fait
» des grenadiers qu'il a l'honneur de commander,
» en se servant d'eux pour imposer silence à ceux
» d'entre vous qui voudroient le ramener au respect
» qu'il vous doit? »

Certainement M. Naudet ne peut pas être l'ami de M. Talma, & quelque disposition qu'il en eût eue, sa conduite, le jour qu'on demanda Charles IX, étoit bien faite pour l'en dégoûter. Plusieurs personnes très-respectable m'ont assuré que M. Naudet avoit parlé au public avec le respect qui lui est dû, & il a trop de bon sens pour jamais oser s'en écarter. Nous soutenons que des moyens aussi bas, pour le rendre odieux, sont indignes d'un galant homme.

« Est-ce donc-là l'emploi qui convient à une
» garde nationale ? voudroit-elle s'abaisser aux
» viles fonctions des satellites de l'ancien régime ?
» Songez que si chaque acteur avoit à ses ordres,
» comme le sieur Naudet, une compagnie de gre-

» nadiers, vous seriez forcés de trouver *Florence*
» même excellent. »

Apprenez, M. l'auteur, qui que vous soyez, que vous manquez vous-même ici formellement de respect aux grenadiers de la garde nationale, qui ne sont pas faits pour être les satellites des comédiens, ni ceux-ci assez hardis pour oser le leur proposer ; ils sont tous armés pour le maintien de la liberté & de la justice qui en est inséparable. Ils obéissent à la loi & au roi, & prenez garde qu'aucun d'eux n'a jamais été offensé impunément.

« Réfléchissez combien il est indécent, absurde,
» contradictoire de mêler aux jeux, d'un peuple
» libre, des grenadiers qui vous surveillent jusques
» dans vos plaisirs.

Nous sommes entièrement de votre avis, il ne devroit y avoir de sentinelles qu'aux portes d'entrées & aux bureaux, avec une garde à portée, pour y avoir recours en cas de besoin.

» Croiriez-vous qu'un des reproches qu'ils renou-
» vellent le plus souvent contre le sieur Talma,
» c'est sa PRÉTENDUE popularité ? Trop emportés
» pour cacher leur haine, & même pour en déguiser
» les motifs, quelques-uns d'eux se sont permis de
» lui faire ce reproche en notre présence. »

Il seroit assez singulier que M. Talma ne fût pas populaire, & trop ridicule, en vérité, que ses camarades lui en fissent un reproche. Nous sommes tentés de croire que cette imputation ridicule ne peut provenir que d'un mal-entendu de l'auteur, pour ne rien dire de plus.

« Une imputation encore plus grave que nous lui
» avons entendu faire, c'est d'avoir trop d'égards
» pour les gens de lettres, d'oser même être l'ami
» de quelques-uns d'eux. »

Nous avons assez bonne opinion de tous les comédiens du monde entier pour croire qu'ils partagent ces sentimens avec M. Talma, & nous sommes fort éloignés de penser que les comédiens françois aient osé lui en faire un crime.

« Les comédiens ont pu distribuer à leurs amis,
» avec profusion, leurs cartes & leurs billets, &c. »

Six semaines s'étoient écoulées sans que personne eût troublé aucune représentation du théâtre de la nation ; ce jour-là les comédiens ont, dit-on, pris des précautions ; ils savoient donc ce qui devoit s'y passer ; qui peut en être l'auteur ? Lecteur, je n'ai pas besoin de vous l'indiquer, vous le devinez aisément.

Passons maintenant à une matière bien plus importante pour le public en général, & particulièrement pour les gens de goût & les amis des belles lettres.

On demande, dit-on, que tous les théâtres puissent jouer les pièces cinq ans après la mort des auteurs, exceptant cependant celles qui auront été vendues par les auteurs aux différentes directions. Voilà sans doute un fort beau projet ; examinons jufqu'à quel point il eſt fondé fur la juſtice. D'abord, MM. Nicolet, Audinot, les aſſociés, &c. pourront jouer Mérope, Phèdre, le Cid, Tartufe, le Légataire, &c. au préjudice du théâtre de la nation, en poſſeſſion de la plupart de ces chefs d'œuvres ; mais ſi ceux-ci s'aviſoient jamais de vouloir jouer une pièce des directeurs ci-deſſus mentionnés, ces meſſieurs viendroient les en empêcher, en leur prouvant que cette pièce leur appartient, en produiſant la preuve par écrit de leur propriété. Mais les pièces, dont les comédiens françois font en poſſeſſion, ne font-elles pas leurs propriétés auſſi légitimement ? N'y avoit-il pas une convention entr'eux & les auteurs, qu'une pièce devenoit leur propriété après telle ou telle circonſtance ? Ce fait de droit ne ſauroit être conteſté, même par leurs plus grands ennemis, & tous les légiſtes conviendront de la validité de leur poſſeſſion légitime. Je vais plus loin, je défie qui que ce ſoit de prouver que les anciens auteurs ſe ſoit jamais plaints de cette convention. De quel droit oſons-nous donc entreprendre de dépouiller les comédiens françois en leur nom ? de quel droit oſons-nous faire le teſtament de ces hommes illuſtres & proſtituer leurs ouvrages aux baladins de la place de Louis XV, &c. &c. &c. On ne peut douter que Molière, mourant, n'ait laissé, à ses camarades & à leurs successeurs, les chefs-d'œuvres qui ont éclairé & poli son siècle; il est plus que probable que les hommes illustres qui lui ont succédé ont entendu suivre son exemple, puisqu'on ne sauroit produire le moindre vestige de preuve contraire à cette hypothèse.

On nous dira peut-être que les comédiens ont mal acquis, qu'ils étoient injustes avec les auteurs; eh bien, que les auteurs modernes réclament de nouveaux réglemens, mais seulement pour l'avenir, & sans effet rétroactif, rien de plus juste; que ceux qui voudront faire prostituer leurs œuvres en aient le droit, à la bonne heure; mais je nie qu'ils aient celui d'y obliger leurs prédécesseurs ni leurs contemporains, n'y en eût-il qu'un seul contraire à leur avis; & le lecteur va juger, dans mon projet de décret, jusqu'à quel point je suis fondé dans ma réclamation.

Article Premier.

L'assemblée nationale décrète, que les divers théâtres de la capitale sont légitimement possesseurs & propriétaires des pièces qu'ils ont coutume de représenter au public, & qu'ils ont acquises conformément aux usages ci-devant usités, excepté, cependant, les pièces présentement en activité, & dont la propriété ne leur est point acquise conformément auxdits usages; déclare que les auteurs desdites pièces, en activité, sont maîtres de les rétirer d'un théâtre pour les donner à un autre, à moins d'une convention par écrit, à ce contraire.

I I.

N'entend, l'assemblée nationale, rien innover aux anciens réglemens, sur la part que les auteurs ont coutume de rétirer de chaque représentation; ordonne que cette part sera payée loyalement, en proportion de la recette, sur l'ancien pied, durant la vie de l'auteur, & à ses héritiers ou ayans-cause, cinq années après la mort de l'auteur; & veut & ordonne, l'assemblée nationale, que lesdites pièces aient au moins vingt représentations dans le courant desdites cinq années, sous peine d'en perdre le droit de propriété, ou de payer auxdits héritiers la part des 20 représentations, en raison de 2,400 l. net chaque représentation, le tout sur l'ancien pied.

I I I.

Pourront tous les théâtres, comme par le passé, traiter, de gré à gré, & convenir avec les auteurs d'un prix déterminé.

I V.

Ne pourront les grands théâtres des villes de Bordeaux, Lyon & Marseille, sous peine de 3000 livres d'amende applicable aux pauvres, jouer aucune pièce nouvelle, à compter de la date des présentes, que du consentement de l'auteur ou ses ayans-causes, qui ne pourront refuser, moyennant une rétribution de 200 l., pour les opéras de l'académie royale de musique, en 3, 4 ou 5 actes, & 100 liv. pour ceux en 1 & 2 actes ; & pour les tragédies & comédies en 4 ou 5 actes, 200 liv. ; pour 3 actes, 120 liv. ; & pour 1 & 2 actes, 72 liv. ; & pour les opéras comiques & bouffons, ou comédies à ariettes, 200 liv. pour 3, 4 & 5 actes ; 100 liv. pour ceux en 1 & 2 actes ; le tout une fois payé. Les villes de Toulouse, Montpellier, Aix, Strasbourg, Lille, Nancy, Metz, Dunkerque, Rouen, Nantes & la Rochelle, ne paieront que la moitié des prix ci-dessus énoncés. Toutes les autres villes du royaume pourront jouer toutes les pièces, sans permission d'auteur, ni rétribution quelconque. N'entend, l'assemblée nationale, rien innover aux anciens usages, pour ce qui regarde les partitions de musique.

V.

Tout auteur qui aura fait jouer une pièce en 3,

4 ou 5 actes, avec ou sans succès, jouira personnellement, pour toute sa vie, des entrées libres au parquet ou amphithéâtre dudit spectacle, non-seulement dans la capitale, mais dans toutes les villes du royaume, où sa pièce aura été jouée.

V I.

Dès l'instant que les comédiens auront fait annoncer sur les journaux ou affiches, *en attendant la première représentation* il ne sera plus au pouvoir des auteurs de retirer leurs pièces, en raison des études & dépenses de costumes qu'elle pourroit avoir occasionnées, qu'après vingt représentations, que les administrateurs seront forcés, s'ils veulent garder la pièce, de donner, dans l'espace de six mois au plus tard, sous peine d'en payer la valeur sur le pied mentionné, pour les héritiers, dans l'art. II. du présent décret. Pourront, néanmoins, les comédiens, directeurs ou administrateurs, renvoyer le manuscrit à l'auteur, après cinq représentations, sans être tenus de motiver leur refus de rejouer la pièce.

De l'Imprimerie de L. POTIER DE LILLE, rue Favart, N°. 5. 1790.

www.ingramcontent.com/pod-product-compliance
Lightning Source LLC
Chambersburg PA
CBHW030113230526
45471CB00003B/1406